गुलाम दस्तगीर

ईश्वर सिंह

Made with ♥ on the Notion Press Platform
www.notionpress.com

मैं यह पुस्तक अपने छोटे भाई ई.आर. हरदीप सिंह को उनकी कड़ी मेहनत के लिए समर्पित कर रहा हूं जिससे उन्होंने अपने जीवन में सफलता प्राप्त की।

क्रम-सूची

प्रस्तावना

ईश्वर सिंह को कहानियों की किताबें, भक्ति संतों की साखियाँ लिखने और शोध गतिविधियों में दस साल से अधिक का अनुभव है। वह एक जबरदस्त लेखक हैं। वह बाबा फरीद जी के बारे में लिख कर बहुत अच्छा काम कर रहे हैं। उन्होंने धार्मिक संसाधनों और अन्य सांस्कृतिक मुद्दों के क्षेत्र में बहुत गहरी रुचि दिखाई है।

वह एक बहुत ही उत्कृष्ट शिक्षक भी हैं और उन्हें सामाजिक विज्ञान के मुद्दों के बारे में भी गहरी जानकारी है। मैंने उन्हें हमेशा अपनी विभिन्न पुस्तकों के लिए कड़ी मेहनत करते देखा है। वह सरल और संक्षिप्त तरीके से हमारी नई पीढ़ियों को भारतीय संस्कृति के बारे में बताना चाहते हैं। मैं उन्हें उनकी नई किताब के लिए शुभकामनाएं देती हूं।

बिरिंदरपाल कौर

भूमिका

यह कहानी एक ऐसे व्यक्ति के बारे में बताती है जिसने अपने जीवन में एक गलत निर्णय लिया जिसके कारण वह जीवन भर बहुत कष्ट उठाता है। वह कौन सा गलत फैसला था जिससे उसे बहुत कष्ट हुआ?

पावती (स्वीकृति)

एक किताब लिखना जितना मैंने सोचा था उससे कहीं ज्यादा कठिन है और जितना मैंने कभी सोचा था उससे कहीं ज्यादा फायदेमंद है। यह मेरी सबसे अच्छी दोस्त, मेरे शिक्षक, मेरी सबसे अच्छी प्रेरक, मेरी प्यारी मां अमरजीत कौर के बिना संभव नहीं होता। वह पहली थीं जिन्होंने मुझे अपने लक्ष्यों के लिए प्रेरित किया और मुझे विभिन्न विषयों को पढ़ाया और विशेष रूप से सामाजिक विज्ञान में मेरी रुचि पैदा की। वह हर संघर्ष और मेरी सभी सफलताओं के दौरान मेरे साथ खड़ी रहीं। मैंने अपने जीवन में जो कुछ भी हासिल किया है वह मेरी मां की वजह से है।

1

गुलाम दस्तगीर

गुलाम दस्तगीर ने हमेशा स्कूल में उत्कृष्ट प्रदर्शन किया और वह एक उच्च उपलब्धि प्राप्त करने वाला लड़का था। विषयों में अपनी अकादमिक विशेषज्ञता के कारण, वह शिक्षकों के बीच भी बहुत प्रसिद्ध था। उसने लगातार हर विषय में 90 फीसदी से ज्यादा अंक हासिल किए। रवि गुलाम दस्तगीर के सबसे करीबी दोस्तों में से एक था।

कक्षा में रवि भी एक होशियार छात्र था। स्कूल की परीक्षा में गुलाम दस्तगीर लगातार प्रथम और रवि द्वितीय स्थान पर रहता। हालाँकि, रवि को इस बात की परवाह नहीं थी कि उसने स्कूल की परीक्षाओं में कैसा प्रदर्शन किया है। वह अपने मित्र की सफलता से प्रसन्न था। वे दोनों कॉन्वेंट स्कूल में पढ़ते थे। गुलाम दस्तगीर को उनके उत्कृष्ट शैक्षणिक प्रदर्शन के कारण स्कूल प्रशासन द्वारा छात्रवृति से सम्मानित किया गया था।

रवि और गुलाम दस्तगीर अक्सर एक साथ स्कूल जाते थे। वे पड़ोसी भी थे। उनके घर स्कूल से काफी दूरी पर स्थित थे। लेकिन वे स्कूल बस की सवारी करने के लिए पूछने के लिए कभी नहीं गए। दोनों को पैदल स्कूल जाना अच्छा लगता था। अपने घर से रवि को कोई आर्थिक समस्या नहीं थी। उनके पिता एक सफल व्यवसायी थे, जिनके पास शहर के मुख्य बाजार में कई दुकानें थीं। रवि की मां एक निजी स्कूल की शिक्षिका थीं।

दूसरी ओर, गुलाम दस्तगीर एक बहुत ही वंचित परिवार से आता था। उसके पिता एक मोची थे, जो शहर के बस टर्मिनल के पास सार्वजनिक संपत्ति पर एक अस्थायी दुकान संचालित करते थे। अस्थायी का तात्पर्य है कि दुकान अवैध रूप से सरकारी संपत्ति पर कब्जा कर चल रही थी और सरकारी अधिकारी किसी भी समय इसे तोड़ सकते थे। गुलाम दस्तगीर की मां का निधन तब हो गया था जब वह केवल दो वर्ष के था।

क्योंकि रवि गुलाम दस्तगीर की पारिवारिक परिस्थितियों से वाकिफ था, इसलिए वह खुद कभी स्कूल बस से स्कूल नहीं जाता था। गुलाम दस्तगीर के साथ वह अपने घर से स्कूल तक जाता था। जब गुलाम दस्तगीर अपने परिवार की परिस्थितियों के कारण उदास दिखाई देता था तो रवि हमेशा उसके साथ रहता था। रवि कभी-कभार गुलाम दस्तगीर के लिए किताबें खरीदता था और उसकी मदद करने की पूरी कोशिश करता था।

एक दिन रवि ने अचानक स्कूल छोड़ने का फैसला कर लिया। दरअसल, रवि के पिता ने उसे तुरंत स्कूल छोड़ने के लिए कहा। व्यापार घाटे के कारण रवि ने अपने सबसे अच्छे दोस्त को सूचित किया कि उसके पिता इस शहर में रहने के इच्छुक नहीं हैं। उसके पिता ने एक बड़े शहर में स्थानांतरित होने का निर्णय लिया है। गुलाम दस्तगीर, रवि की जल्दबाजी में किये गए फैसले से हैरान रह गया। गुलाम दस्तगीर उस समय उदास महसूस कर रहा था और उसके आंसुओं की धारा बस बहने ही वाली थी। साथ ही गुलाम दस्तगीर के सामने रवि सिसक रहा था। वे दोनों काफी करीबी दोस्त थे जो एक दूसरे की भावनाओं का सम्मान करते थे।

रवि अपने परिवार के साथ गुजरात के सूरत में आ गया। गुजरात के सबसे बड़े शहरों में से एक, सूरत व्यापार के दृष्टिकोण से भी महत्वपूर्ण है। एक कपड़ा कारखाना स्थापित करने के लिए, रवि के पिता ने शेष बचे धन को निवेश किया क्योंकि उनकी रुचि कपड़ा उद्योग में थी। क्योंकि वैश्विक बाजार में उस समय सूती वस्त्रों की इतनी अधिक मांग थी, रवि के पिता ने यही कारोबार करने का फैसला किया। लेकिन एक

कैलकुलेशन गलत हो गया।

विश्व आर्थिक संकट के परिणामस्वरूप पूरी कंपनी का सफाया हो गया। रवि के परिवार के लिए ये बेहद मुश्किल साल थे। रवि ने पास के एक सरकारी स्कूल में दाखिला लिया। वह पढ़ने के लिए सरकारी स्कूल में जाता रहता था। उन दिनों सरकारी स्कूलों की स्थिति बहुत अच्छी नहीं थी। शिक्षक अक्सर स्कूल देर से पहुंचते थे और जल्दी चले जाते थे। अधिकांश समय सरकारी स्कूलों के प्रधानाध्यापक अवकाश पर रहते हैं। रवि के स्कूल में भी यही हो रहा था।

रवि सरकारी स्कूल प्रणाली से बेहद असंतुष्ट था, लेकिन वर्तमान में उनके पास कोई बैकअप योजना नहीं है। वह अपने परिवार के सामने आने वाली दुविधा से अच्छी तरह वाकिफ था। उनकी मां बेरोजगार थीं, और उनके पिता अपना व्यवसाय बढ़ाने के लिए संघर्ष कर रहे थे। रवि ने सरकारी स्कूल की चुनौतियों से निपटने का फैसला किया। हालाँकि, रवि के स्कूल के पहले कुछ दिन चुनौतीपूर्ण थे, फिर भी उसने अंततः नए वातावरण को अपना लिया।

कक्षा के अभ्यास से रवि ने अपने शिक्षकों के सामने अपनी क्षमताओं का प्रदर्शन किया। स्कूल की सभी परीक्षाओं में, उसने लगातार उच्च अंक प्राप्त किए। रवि अपने शिक्षकों के सामने एक अच्छे छात्र की सकारात्मक छवि पेश करने में सफल रहा। मैथ्स ने बड़े पैमाने पर रवि का ध्यान खींचा। उसने प्रत्येक गणितीय प्रश्न का त्वरित और सटीक उत्तर देने की क्षमता विकसित की। उसके पास असाधारण गणितीय क्षमता थी।

उस समय, देश के सभी क्षेत्रों में बिजली की सुविधा नहीं थी। बिजली की कमी का वही मुद्दा रवि के पड़ोस में भी मौजूद था जहां रवि अपने परिवार के साथ रह रहा था। रवि रात में दीवा (मिट्टी के तेल से चलने वाली हाथ से बनी मशाल) की रोशनी में पढ़ता था। रात के अध्ययन के दौरान समय के सटीक अनुमान ने एक और चुनौती पेश की। उस समय, दीवार घड़ियाँ और कलाई घड़ियाँ प्रचलित नहीं थीं। इसलिए रवि ने अपने अध्ययन की योजना नज़दीक की फैक्ट्री के सायरन की आवाज के अनुसार बनाई। हर दो घंटे बाद फैक्ट्री का सायरन बजता था। जब भी

वह सायरन बजता तो रवि को पता चल जाता कि अब दो घंटे बीत चुके हैं पढ़ाई करते करते। रवि कभी कभार दो सायरन बजने के बाद सोता और कभी तीन सायरन बजने के बाद सोता।

रवि ऐसे ही दिन रात मेहनत करता है और अपनी पढ़ाई को आगे बढ़ाता है। जब भी स्कूल में कोई प्रतियोगिता होती तो रवि सबसे पहले उस प्रतियोगिता में भाग लेता और हमेशा अव्वल आता। ऐसे ही रवि हर क्लास को बड़े अच्छे नंबरों से पास करता गया। दूसरी और उसके पिता जी का कारोबार भी सही चलना शुरू हो गया।

रवि उसी सरकारी स्कूल से 12वीं क्लास की परीक्षा पास करके स्कॉलरशिप के दम पर अपनी ग्रेजुएशन करने के लिए विदेश चला जाता है। रवि को मैथमेटिक्स में शुरू से ही काफी रूचि थी इसलिए उसने अपनी आगे की पढ़ाई मैथमेटिक्स में ही करने की सोची। और उसने ऐसे ही किया।

अब काफी साल बीत चुके थे। रवि की पढ़ाई भी पूरी हो चुकी थी। रवि जब विदेश से पढ़ कर वापिस आता है तो उसको सूरत की ही एक बड़ी यूनिवर्सिटी में असिस्टेंट प्रोफेसर की नौकरी मिल जाती है। असिस्टेंट प्रोफेसर की नौकरी पाकर रवि काफी खुश होता है और पूरी लगन से बच्चों को पढ़ाना शुरू कर देता है। रवि यूनिवर्सिटी में भी अपनी काबिलियत को साबित करता है और बच्चों और अन्य प्रोफेसरों के बीच में अपनी एक अलग पहचान बना लेता है।

रवि के माता-पिता भी अपने बेटे की तरक्की देखकर काफी खुश होते हैं और जल्दी ही एक सुशील कन्या देखकर रवि का विवाह कर देते हैं। रवि सुबह यूनिवर्सिटी में काम करता और शाम को अपने पिता के साथ हिसाब में उनकी मदद करता। ऐसे ही काफी समय बीत गया। अपनी काबिलियत की वजह से रवि को यूनिवर्सिटी में प्रमोशन भी मिल गई। वह मैथमेटिक्स विभाग का चेयरमैन बन गया।

एक दिन समय का चक्कर कुछ ऐसा चला कि एक सेमिनार को अटेंड करने के लिए रवि को उसी शहर में आना पड़ा जहां पर उसका बचपन का दोस्त रहता था। जिसका नाम था गुलाम दस्तगीर। रवि भी काफी उत्सुक था कि वह वापस उसी शहर में जाएगा और अपने दोस्त को ढूंढने

की कोशिश करेगा।

जब रवि उस शहर में जाने के लिए ट्रेन पकड़ता है तो रास्ते में ही सोचता जाता है कि गुलाम दस्तगीर भी काफी बड़ा हो गया होगा और काफी अच्छी जगह पर काम कर रहा होगा। रवि के मन में यही दुविधा थी कि कहीं गुलाम दस्तगीर भी अपना घर छोड़कर कहीं और ना चला गया हो। अगर ऐसा हुआ तो गुलाम दस्तगीर को मिले बिना ही वापस आना पड़ेगा। ट्रेन में सफर करते करते रवि बचपन की यादों में खो गया। वह याद कर रहा था कि कैसे वह और गुलाम दस्तगीर इकट्ठे खेलते थे और इकट्ठे स्कूल जाते थे।

एक दिन के बाद ट्रेन उसी शहर में पहुंच जाती है। जब ट्रेन उस शहर से गुजर रही होती है तो रवि देखता है कि यहां पर भी काफी कुछ बदल चुका है। शहर काफी विकसित हो चुका होता है। कुछ ही पलों में ट्रेन रेलवे स्टेशन पर पहुंच जाती है और रवि स्टेशन से बाहर निकलने की तैयारी शुरू कर देता है।

स्टेशन से बाहर निकलने के बाद रवि सबसे पहले एक रिक्शा ढूंढता है जिससे कि वह होटल पहुंच सके। रवि एक रिक्शे वाले को दूर से आवाज देता है। कुछ ही पलों में वह रिक्शावाला रवि के सामने आ जाता है। जब रवि उस रिक्शावाले के चेहरे को देखता है तो उसके मुंह पर हवाइयां उड़ने शुरू हो जाती हैं। थोड़ी देर के लिए रवि पूरा दंग हो जाता है। क्योंकि वह रिक्शावाला ही गुलाम दस्तगीर होता है।

रवि कुछ पलों के लिए मन ही मन सोचता है कि शायद मेरे इस शहर को छोड़ने के बाद गुलाम दस्तगीर की किसी ने मदद नहीं की। और शायद स्कूल ने इसकी स्कॉलरशिप बंद कर दी हो और यह आगे पढ़ाई नहीं कर पाया जिसकी वजह से गुलाम दस्तगीर को आज रिक्शा चलाने की नौबत आ गई है।

इतने में गुलाम दस्तगीर भी रवि को पहचान लेता है लेकिन रवि से आंखें चुराना शुरू कर देता है। रवि राज कुमार से बातचीत शुरू करता है और उससे पूछता है कि तू तो पढ़ाई में बहुत होशियार था तो तुझे रिक्शा चलाने की नौबत क्यों आ गई? गुलाम दस्तगीर रवि की बात का कोई जवाब नहीं देता।

रवि फिर दोबारा गुलाम दस्तगीर से पूछता है कि क्या स्कूल ने तेरी स्कॉलरशिप बंद कर दी थी? अगर स्कॉलरशिप बंद भी कर दी थी तो किसी सरकारी स्कूल में दाखिला ले लेता? गुलाम दस्तगीर फिर कुछ नहीं बोलता।

फिर रवि अपने बारे में बताता है, देख मैं भी सरकारी स्कूल में ही पढ़कर आज यूनिवर्सिटी में मैथमेटिक्स डिपार्टमेंट के चेयरमैन के पद पर काम कर रहा हूं। लेकिन तू रिक्शा क्यों चला रहा है? रवि के बार बार पूछने पर गुलाम दस्तगीर फूट फूट कर रोना शुरू कर देता है।

फिर गुलाम दस्तगीर रवि को बताता है कि मेरी ही कुछ गलतियों की वजह से आज मैं इस हालत में हूं। नहीं तो मैं भी आज तेरी तरह एक बड़ा आदमी बन गया होता। रवि राज कुमार से पूछता है कि तुमने ऐसी कौन सी गलती कर दी जिससे आज यह नौबत आ गई कि तुम्हें रिक्शा चलाना पड़ रहा है।

फिर गुलाम दस्तगीर रवि को बताता है कि जब हम इकट्ठे स्कूल में पढ़ते थे तो हर एक प्रतियोगिता में हमारी क्लास में से तू ही भाग लेता था। क्योंकि तेरे बोलने का ढंग बहुत अच्छा था और तू जब भी स्टेज पर चढ़कर बोलता था तो बड़े आत्मविश्वास के साथ तू अपनी बात को रखता था।

लेकिन तेरे जाने के बाद एक दिन टीचर मेरे पास आए और मुझे कहने लगे कि अब रवि क्लास में नहीं है तो आने वाले फंक्शन में तुम्हें रवि की जगह पर भाग लेना होगा। तुम्हें रवि की तरह ही स्टेज पर लोगों को संबोधन करना होगा। यह सुनकर जैसे मेरे पैरों तले से जमीन खिसक गई और मैं बहुत घबरा गया क्योंकि मैंने पहले कभी भी स्टेज पर चढ़कर नहीं बोला था। टीचर ने मेरा नाम लिख लिया और मुझे बहुत डर लगना शुरू हो गया। जिस दिन फंक्शन होना था मैं उस दिन स्कूल ही नहीं गया और मैं इतना डर गया था कि फंक्शन होने के बाद मैं स्कूल जाने की हिम्मत ही नहीं जुटा पाया। वह मेरा डर ही था जिसकी वजह से मैं जिंदगी में आगे बढ़ी नहीं पाया।जिस गरीबी में मैं पैदा हुआ था आज भी उसी गरीबी में मैं जी रहा हूं।

गुलाम दस्तगीर की यह बातें सुनकर रवि को बड़ा अफसोस होता है कि काश मैं इसके साथ होता और इसको समझा पाता कि मैदान छोड़कर जीत हासिल नहीं होती। जीत हासिल करने के लिए मैदान में कूदना पड़ता है और फिर लड़ना पड़ता है।

यह कहानी एक सच्ची घटना पर आधारित है जिसे मेरे टीचर ने मुझे सुनाया था। आज यही कहानी मैंने आपके सामने इस छोटी सी किताब के रूप में पेश की है। ताकि छोटे-छोटे बच्चों को यह एहसास हो सके कि जिंदगी में पढ़ाई की कितनी कीमत है। और अपने आत्मविश्वास को कभी भी कमजोर नहीं पड़ने देना है। अगर आत्मविश्वास कमजोर पड़ता है तो उसके बारे में अपने अध्यापकों और माता-पिता को जरूर बताएं। जिंदगी में किसी भी एक टीचर को अपना मेंटर जरूर बनाएं ताकि समय-समय पर वह आपकी सोच शक्ति को दुरुस्त कर सके।

www.ingramcontent.com/pod-product-compliance
Lightning Source LLC
Chambersburg PA
CBHW020658160726
47991CB00003B/1241